AF242696

LETTRES

D'UN

MAIRE DE VILLAGE

A SES

CONSEILLERS MUNICIPAUX

MOULINS

IMPRIMERIE DE FUDEZ FRÈRES

—

1872

I

Treban (Allier), le... 1871.

Mes chers Collègues,

Depuis que notre France est tombée dans le malheur, depuis que les partis se la disputent, malgré la présence de l'étranger, vous m'avez souvent fait part de vos tristesses patriotiques, de vos doutes, de votre découragement. Incertains du présent, inquiets sur l'avenir, vous ne savez plus où trouver le remède à des maux trop réels, et, au milieu des divergences de l'opinion, vous cherchez en vain la voie qu'il faut suivre.

Les uns vous disent : prenez un roi, voire même un empereur, et vous êtes sauvés ; les autres : sans la République vous êtes perdus. Ici on prétend que l'ordre est dans la liberté ; ailleurs on soutient la dictature et le despotisme. Si vous en croyez certains fanatiques, il faudrait ne plus entendre parler de religion ni de prêtres ; d'autres, non moins intolérants, voudraient tout subordonner à l'influence cléricale.

Je comprends à merveille que toutes ces aspirations qui se contredisent, toutes ces idées extrêmes qui s'excluent, toutes ces opinions qui médisent les unes des autres, vous trouvent sourds et vous laissent froids.

Il ne faudrait cependant pas tomber dans l'indifférence et jeter, comme nous disons, le manche après la cognée. Vous savez bien ce que cet abandon de nos affaires nous a valu sous l'Empire. Vous ne compreniez pas pourquoi, au milieu de la prospérité factice dont nous jouissions, je ne pouvais accepter le gouvernement déchu ; c'est que j'avais compris, avec bien d'autres, qu'en se chargeant lui-même de nos intérêts, en nous endormant dans une quiétude trompeuse, il nous menait à la ruine.

A quoi bon d'ailleurs récriminer ! Vous avez fait votre *meâ culpâ*, vous vous êtes dit que vous ne vous laisseriez plus prendre aux promesses fallacieuses, que vous ne voteriez plus sans savoir ce que vous faites. C'est fort bien ; gardez-vous, du moins, de tomber dans un excès contraire, de ne plus faire acte de citoyen de peur de vous tromper.

Eclairez-vous, c'est votre droit, mais occupez-vous de la chose publique, c'est votre devoir ; ne laissez plus les autres penser pour vous, voter pour vous, vivre pour vous. Nous sommes au temps des résolutions viriles ; plus que jamais il faut vouloir si nous désirons obtenir cette régénération de la France que tout le monde déclare nécessaire.

Je n'ignore pas que vouloir est chose difficile,

je compte cependant beaucoup sur nos désastres, nos épreuves de toutes sortes pour nous amener à réfléchir.

Eh bien ! cherchons avec calme, sans prévention, comme des hommes qui n'ont qu'un but, la prospérité du pays ; qu'une passion, celle de la vérité ; cherchons ensemble quelles doctrines doivent être les nôtres, quelle route nous devons suivre.

J'estime que, dans les circonstances actuelles, tout citoyen qui se respecte doit, après mûres réflexions, choisir un parti ; il faut qu'il sache sous quel régime i veut vivre et qu'il l'affirme par ses paroles et par son vote ; l'indifférence n'est plus de saison. Craindre de se compromettre, ménager l'avenir, s'abstenir pour ne pas déplaire, ce sont là des expédients que le moindre civisme réprouve.

Est-ce à dire qu'il faille se jeter à corps perdu dans la politique, se laisser entraîner par la passion ? Assurément non. Je ne trouve rien, quant à moi, de plus puéril et de moins digne que de sacrifier son indépendance à son parti, que de tout applaudir chez ses amis politiques, même le mal, et de tout dénigrer, même le bien, chez ses adversaires.

Il est vraiment triste de voir les partis s'entredéchirer, comme ils le font. — On n'est pas du même avis ; est-ce une raison pour se jeter à la face insultes et calomnies ? Ne vaut-il pas mieux supposer la bonne foi chez les autres pour que la nôtre ne soit pas mise en doute ? Il faut d'ailleurs souvent si peu de chose pour se rapprocher et s'entendre, et les hommes, croyez-moi, sont parfois plus près les uns des autres qu'ils ne le pensent eux-mêmes.

C'est ainsi que tous, quelles que soient nos opinions, nous avons en vue le bien de la France ; c'est là le but commun de nos efforts, c'est en effet le but de toute politique honnête ; seulement, si nous voulons également le bonheur de notre pays, nous ne sommes pas d'accord sur les moyens de l'obtenir.

Il s'agit avant tout, aujourd'hui, de savoir comment on l'obtiendra. J'y ai songé longtemps ; c'est même, je l'avoue, l'objet principal de mes méditations ; je puis donc vous dire, puisque vous le désirez, aussi simplement que possible, et comme dans une conversation, ce que je pense à cet égard.

II

Je vous ai déjà dit d'un mot, mes chers Collègues, ce que je considérais comme le devoir de tout Gouvernement juste. Ce serait être bien peu sérieux, bien inconséquent que de toucher à la politique pour le vain plaisir de discourir et d'innover ; il faut toujours se proposer un but utile, une fin morale.

Ce but, en politique, c'est l'indépendance de la patrie, la paix sociale et la prospérité de la nation. C'est l'amélioration graduelle et pacifique du sort de chaque citoyen, au point de vue moral, intellectuel et matériel. Vous voyez que s'il est un noble et important sujet de préoccupations, c'est bien celui-là entre tous ; et que nous sommes impardonnables de nous en être désintéressés, comme nous l'avons trop fait jusqu'à présent.

Vous connaissez le but ; voici les moyens d'y arriver. Je n'en sais que deux, le despotisme et la liberté.

Ils ont été employés tour à tour chez différents peuples, et l'histoire nous apprend que là où a fleuri la liberté, là aussi ont régné la prospérité et l'ordre, non pas cet ordre factice et momentané qui nous a séduits et perdus, mais un ordre durable, fécond, parce qu'il repose sur la justice et le respect des droits de tous.

La raison nous dit également qu'avec la dictature et le despotisme, on ne fait que des courtisans, des plats valets, jamais des hommes.

Aussi quelque soient les gouvernements que l'avenir nous réserve, prenons l'engagement moral de leur demander l'indépendance, la liberté, non la liberté de tout faire, ce qui serait la licence, mais la liberté de faire tout ce que, comme citoyens, nous avons le droit de faire, sans nuire à autrui. Ce qui revient à dire que pour être libres, nous devons avoir la pleine jouissance de nos droits naturels. Il faut donc que désormais nos Gouvernants les respectent et les fassent respecter.

Et voulez-vous savoir quels sont ces droits qu'on ne peut nous enlever sans injustice ? Ils sont simples mais inaliénables.

C'est celui d'abord de penser et de croire tout ce que nous voudrons, de le dire, de l'écrire et de l'enseigner ; c'est en outre de pouvoir nous réunir, nous associer pour nous communiquer nos idées, et centraliser nos efforts ; ajoutez-y la liberté individuelle et l'inviolabilité des propriétés, et vous aurez les droits de tout citoyen d'un pays libre.

Ces libertés, sachez-le bien, inscrites dans la déclaration des Droits de l'Homme et du Citoyen et dans la Constitution de 1791, ne nous appartiennent pas à demi, comme on daignait nous les concéder sous l'empire, mais en entier, avec cette seule restriction de nous soumettre aux lois d'ordre public et de respecter l'honneur et la liberté du voisin.

Je vous entendais dire quelquefois, du temps où vous jouissiez d'un repos trompeur : « Mais à quoi bon la liberté ? nous trouvons que nous en avons bien assez, nous faisons bien nos affaires, que nous importe le reste ! »

Imprudents que vous étiez ! vous ignoriez alors les conditions de la paix sociale. Il faut, pour qu'elle existe, ne l'oubliez pas, que les mécontents comme les satisfaits puissent dire leur façon de penser.

Cette liberté laissée à la minorité n'est pas seulement un droit, c'est une garantie d'ordre, et comme une soupape de sûreté. Elle ne songe plus à avoir recours à la violence, quand elle sait qu'elle peut arriver pacifiquement à ses fins, quand elle sait que, par la persuasion, la propagande, elle a la faculté de devenir majorité à son tour.

Ces libertés, dites-vous, peuvent devenir dangereuses entre les mains des violents. J'en conviens ; mais savez-vous pourquoi ? C'est que les citoyens paisibles leur en laissent volontiers le monopole.

Usez de ces libertés pour le bien, comme ils en usent pour le mal et loin d'être un danger, elles seront votre salut. Elles ne sont qu'un instrument, sachez vous en servir, et comme en définitive le bien est plus puissant que le mal, si vous profitez de ces libertés qui sont vôtres pour le répandre, il finira toujours par triompher.

Vous voulez proscrire la liberté parce qu'elle peut devenir un péril, autant vaudrait alors vous couper de suite la langue, puisqu'elle peut propager l'erreur aussi bien que la vérité.

Non, soyons sérieux et disons que ces libertés primordiales, nécessaires, dont on ne comprend bien, hélas ! la valeur, que quand on est minorité (ce qui peut être un jour le sort des majorités et ce qu'elles oublient trop souvent), disons que ces libertés, si effrayantes pour quelques-uns, constituent le patrimoine indéniable, imprescriptible de tout peuple libre, que le Gouvernement qui les méconnaît est un Gouvernement despotique, et que le citoyen qui se les laisse enlever, n'est plus digne de ce nom.

Aussi est-ce un devoir pour nous tous, vous le comprendrez désormais, je l'espère, de réclamer avec calme mais avec fermeté, de tous nos gouvernants les droits qu'ils ne peuvent nous enlever sans violenter nos consciences, sans forfaire à leur mission.

III

J'aborde maintenant, avec vous, mes chers Collègues, une question difficile, brûlante d'actualité, très importante pour le salut du pays. Je l'aborde sans la moindre hésitation et avec la même franchise.

Il s'agit du choix de la forme gouvernementale qui peut être républicaine ou monarchique suivant les circonstances, les mœurs, les aspirations d'un peuple.

Nous sommes à un moment où les réticences ne sont plus de mise, il faut savoir ce que l'on veut et le dire hautement.

Pour moi la question se réduit à ces termes : Quel est le gouvernement qui, dans l'état actuel des choses et des esprits, doit nous donner le plus sûrement, et sans secousse, le progrès, une juste répartition des charges sociales, les libertés dont je vous ai parlé et les réformes nécessaires pour éviter la guerre civile et assurer la régénération de la France ?

La question ainsi posée, et je crois qu'un bon citoyen ne peut la poser autrement ; je réponds carrément et sans ambage :

C'est la République ; je vais vous dire pourquoi.

C'est en deux mots qu'en pays de suffrage universel, elle est la forme gouvernementale la plus conforme à la raison, la seule compatible avec le suffrage de tous et la mobilité qui est dans sa nature.

C'est qu'une société démocratique, comme est la nôtre, tendra toujours à se constituer un gouvernement démocratique, et que la paix et la liberté sont à ce prix.

C'est enfin que les fautes et les désastres du régime déchu ne nous permettent plus aujourd'hui le luxe d'un monarque, et qu'ils ont jeté un discrédit qui va jusqu'au dégoût, non pas seulement sur l'empire, mais sur la forme monarchique elle-même.

Je ne sais trop ce que peuvent répondre les monarchistes, surtout s'ils admettent, comme ils le prétendent, le suffrage universel. Aussi se contentent-ils de répéter sur tous les tons et un peu à la légère : la France n'est pas républicaine.

Il est vrai qu'elle a eu longtemps, sinon toujours, des rois ou des empereurs ; il est non moins vrai qu'elle n'a pu vivre avec eux, pas plus avec les Bonaparte qu'avec les ancêtres du comte de Chambord ou ceux du comte de Paris, ce qui ne prouve pas précisément qu'elle ait pour la monarchie une sympathie irrésistible.

C'est égal, ils soutiennent qu'elle a eu tort de divorcer, et ils voudraient, dans un intérêt de stabilité plus que douteuse, qu'elle abdiquât sa liberté d'action et qu'elle engageât l'avenir en se livrant aux mains d'une famille privilégiée sur le choix de laquelle ils ne peuvent pas même s'entendre.

Que penseriez-vous, mes amis, d'un homme qui tiendrait ce langage : « Si vous voulez avoir la tranquillité, le bonheur dans votre commune, vous n'avez qu'une chose à faire ; c'est de mettre à votre tête non pas celui que vous jugez le plus digne, mais un descendant solitaire d'un des anciens baillis du village, et de déclarer que, quoi qu'il arrive, la mairie restera entre ses mains et celles de son auguste progéniture.

Vous avez beau objecter que parmi ses descendants mâles il peut s'en trouver un qui démérite ou qui soit incapable, qu'importe, vous répond-il, les élections agitent tant les esprits qu'il vaut mieux fermer les yeux et le subir ?

Vous objectez encore que ceux qui viendront après vous auront probablement d'autres idées, d'autres aspirations et qu'ils tiendront sans doute à choisir un maire qui partagera leurs vues. Il tâche de vous faire comprendre alors que les fils doivent respecter les engagements pris par leurs pères ; oubliant, le malheureux, que nous ne pouvons pas jouer ainsi avec ce qu'il y a de plus intime dans la conscience, avec la liberté de nos enfants, quand la raison nous défend d'abdiquer la nôtre.

Voilà pourtant la façon de raisonner de messieurs les monarchistes, je vous la livre pour ce qu'elle vaut, persuadé que vous en ferez bonne justice.

Eh, mon Dieu, vous disent quelques-uns d'entre eux, nous nous contenterions bien de la République si elle nous donnait la stabilité, mais une vraie et bonne République n'est autre chose qu'une utopie. Répondez-leur qu'elle existe de longue date en Amérique et en Suisse, qu'on est loin de s'en trouver mal, et que si elle n'a pas vécu plus longtemps en France, c'est qu'elle a été escamotée par un parjure, calomniée par des adversaires systématiques ou bien deshonorée par des sectaires.

Ils ajoutent que la République ne peut s'implanter chez nous, parce qu'elle exige chez les citoyens des lumières et du désintéressement que nous n'avons pas.

Eh quoi ! vous voudriez faire une fin de non-recevoir de ce qui est l'honneur du système républicain, et de ce qui, en somme, doit nous régénérer.

La lumière et le désintéressement nous manquent ; c'est possible, eh bien ! nous les aurons, on a tout fait pour créer les ténèbres et abaisser les caractères, nous réagirons contre ces tendances fatales. On voudrait trouver encore en nous, comme par le passé, des courtisans et des sujets dociles, nous voulons nous appartenir et être enfin des hommes ; nous tâcherons de ne pas oublier nos devoirs, mais nous ne nous laisserons plus confisquer nos droits.

Les monarchistes battus sur le terrain de la raison, font alors appel à nos plus bas sentiments, au sentiment de la peur. Ils agitent à nos yeux le spectre rouge, et s'écrient : « Gare aux communeux ! gare à l'Internationale ! »

La peur, vous devez le savoir, mes amis, est mauvaise conseillère. C'est elle qui nous a valu Napoléon et les ruines morales et matérielles dont il a été la cause. Soyons plus virils et détruisons les fantômes en allant à eux. Les communeux ne sont pas plus Républicains que n'étaient chrétiens les auteurs de la Saint Barthélemy. L'emploi qu'ils ont fait de la violence contre l'Assemblée est la négation d'un des premiers principes républicains : le respect de la souveraineté nationale émanée de la majorité des suffrages.

Il n'est pas plus juste dès lors d'accuser les vrais Républicains de vouloir le désordre, l'anarchie, que de reprocher aux légitimistes sensés, par exemple, de vouloir le retour des corvées et des dîmes. Ce sont là des exagérations de langage que se lancent les partis dans l'ardeur de la lutte, et qui sont souverainement regrettables, parce qu'elles enveniment les passions, sans rien prouver du tout.

Les communeux, c'est-à-dire les fanatiques, les sectaires, existeront malheureusement aussi bien sous une monarchie que sous une République. Un monarque, qu'il s'appelle roi ou empereur, n'a pas, j'imagine, le pouvoir de transformer les hommes. Sous la monarchie, ils resteront ce qu'ils sont, avec leurs passions violentes et leurs idées subversives ; il faudra donc toujours compter avec eux.

Eh bien ! je dis que, mieux qu'une monarchie, la République peut les vaincre, parce qu'alors ce n'est plus une dynastie, c'est la Nation elle-même qui les combat.

Les anarchistes, d'autre part, n'ayant pas de monarque à chasser, sont bien moins redoutables, parce qu'ils ne peuvent plus invoquer cet argument pour entraîner à leur suite et les mécontents politiques et les adversaires de la dynastie régnante.

Vous l'avez bien vu, d'ailleurs, il n'y a pas longtemps encore, c'est un gouvernement républicain, le gouvernement actuel, qui a terrassé cette terrible et coupable insurrection de la Commune, qui eût suffi à elle seule à entraîner dix monarchies.

Qu'est-ce donc après tout que cette République dont

on vous fait tant peur, qu'on vous dit être synonyme
de désordre, de pillage, que sais-je? C'est tout simplement un gouvernement constitutionnel dont le chef
est révocable; c'est le gouvernement du pays par le
pays, le gouvernement vraiment national où tout le
monde a sa part d'influence, à l'exclusion de toute
caste. C'est enfin l'image en grand de notre commune.

Que faisons-nous quand il s'agit de constituer l'administration municipale? Nous nommons pour nous repré-
senter des Conseillers municipaux, et ceux-ci choisissent
parmi eux un chef, le Maire, qui, assisté d'Adjoints,
exécute les volontés du Conseil.

Il en est de même de cette grande commune qu'on
nomme la France. Tous les citoyens sont appelés à élire
des Représentants; ceux-ci choisissent à leur tour un
chef ou Président qui, avec des Ministres, est chargé
de gouverner la Nation et d'exécuter les décisions de
l'Assemblée souveraine.

Rien de plus raisonnable, rien de plus économique,
rien de plus simple, et cependant rien de moins compris.
Et pourquoi? C'est que les passions politiques mettent
généralement un bandeau sur les yeux.

Malgré mon profond attachement pour le système
républicain, dont les avantages sont grands, je ne saurais
me dissimuler qu'ils seraient plus grands encore et plus
durables, si nous étions tous plus instruits, plus désintéressés, plus moraux.

N'oublions donc pas que si la République nous con-
fère des droits en faisant de nous des citoyens libres, elle
nous impose aussi de sérieux devoirs.

Dans deux prochaines lettres, je vous indiquerai en

quoi consistent ces devoirs, qu'on peut résumer en deux mots : Instruire et Moraliser.

IV

Il n'y a pas d'institution humaine, mes chers Collègues, par cela même qu'elle est humaine, qui soit absolument bonne ; aussi ne devons-nous pas rechercher, en politique surtout, ce qui est absolument bon, mais ce qui est le meilleur relativement, et le plus facilement réalisable. De ce que la République serait plus féconde si les citoyens étaient moins ignorants et moins égoïstes, il ne suit pas qu'on doive la répudier. Il n'y a qu'une chose à faire : instruire et moraliser le suffrage universel, puisqu'en somme la République n'est que ce suffrage mis en pratique.

Je considère cela comme tellement essentiel que, malgré toutes mes sympathies pour la forme républicaine, je ne me sentirais pas le courage de l'implanter en France, si elle manquait à son essence même, à son premier devoir qui est de verser la lumière à flots et d'élever les caractères.

Il y en a qui, effrayés des résultats que peut entraîner le vote universel abandonné à son ignorance, voudraient le supprimer ou tout au moins le restreindre. Les imprudents ! Ils ne comprennent pas que les peuples tendent tous plus ou moins à obtenir ce suffrage, et qu'il serait impolitique, dangereux, de faire renoncer la France à cette conquête.

Qu'elle ait été prématurée, j'en conviens, j'aurais désiré qu'en 1848 on se fût contenté du suffrage restreint à deux degrés. On se serait ainsi préparé peu à peu à éclairer les masses et on aurait pu arriver sans secousse et sans danger à faire exercer le droit de suffrage par tous les citoyens. Mais aujourd'hui qu'ils possèdent ce droit, je ne crois pas réellement possible ni juste de le leur enlever.

Vous savez, aussi bien que moi, que dans notre commune beaucoup d'honnêtes laboureurs trouveraient au moins la chose étrange, et que dans les villes cette mesure soulèverait évidemment des tempêtes.

Comment d'ailleurs aujourd'hui restreindre le suffrage ? Quelle sera la limite ? Où s'arrêtera-t-on ? Combien de pièces de cinq francs ou de diplômes faudra-t-il avoir pour voter ?

Avec le suffrage restreint, vous verrez aussitôt les agitateurs s'emparer de ce prétexte pour soulever les passions populaires, et adieu l'ordre et la tranquillité que nous désirons tant au village.

N'est-il pas juste d'ailleurs qu'ayant tous un intérêt quelconque à la bonne administration des affaires publiques, nous y participions dans une certaine mesure.

En un mot, dans un pays démocratique comme notre France, le suffrage universel est un droit et un fait que bon gré mal gré nous devons accepter avec ses avantages et ses inconvénients, sauf à diminuer ces derniers autant que possible.

Les différents remèdes proposés sont in puissants, périlleux peut-être. Ce qu'il faut avant tout et par-dessus tout, c'est de faire une guerre sans relâche à l'ignorance et au vice, c'est de répandre partout et sans marchander la lumière de l'esprit et du cœur, d'instruire en un mot et de moraliser le plus humble d'entre nous.

Nous tous surtout, dans nos bourgs plus déshérités que les villes, nous devons nous mettre résolûment à l'œuvre ; il faut absolument que ceux qui ne savent pas apprennent et que ceux qui savent enseignent aux autres. Il faut que cette épithète de ruraux qu'on nous jette comme une injure et une dérision, nous en fassions au contraire un titre de gloire. Nous sommes le nombre, soyons aussi le bon sens.

Nous devons faire disparaître à tout jamais cet antagonisme étrange qu'on voudrait établir entre les villes et les campagnes. Nous avons, citadins et ruraux, mêmes intérêts, pourquoi n'aurions-nous pas mêmes droits et mêmes devoirs ? et parmi ces devoirs, celui de devenir des citoyens éclairés autant que nous sommes des citoyens utiles.

Pour cela, je le répète, il n'est pas de trop du concours de tous ; quelles que soient nos opinions, nous avons un intérêt égal à dissiper 'es ténèbres de l'ignorance. Formons une ligue sainte entre toutes contre l'ennemi commun ; que tous nous soyons dans l'obligation de nous éclairer, mais que chacun soit libre d'aller puiser la science où bon lui plaira ; l'essentiel, c'est que la lumière se fasse.

La réflexion et l'étude nous feront connaître nos devoirs et nos droits, elles nous apprendront que si c'est un devoir d'aimer et de secourir le pauvre, ce n'en est pas un de haïr le riche, et que ce n'est que par la science unie au dévouement, et non par la violence, que pourra se résoudre le douloureux et difficile problème de l'extinction du paupérisme.

Elles nous apprendront encore que si, aujourd'hui comme toujours, le travail et l'économie sont les sources premières de l'épargne et par suite de l'indépendance, il n'en est pas moins utile et légitime de recourir aux différentes formes de l'association volontaire pour rendre plus fructueux le travail, l'économie plus facile et le crédit plus accessible à tous, au moyen des sociétés de secours mutuels, des caisses d'épargne, des sociétés coopératives, etc , etc.

Elles nous feront comprendre enfin que, s'il est une inégalité, que toutes les combinaisons socialistes ne feront pas disparaître, l'inégalité des facultés de l'homme entraînant avec elle celle des biens, il doit y avoir pour tous les citoyens, dans une démocratie bien réglée, une égalité rigoureusement vraie devant la loi, et qu'il est à désirer, en vue d'un intérêt de justice et de sécurité, que les distinctions sociales créées par les mœurs, disparaissent peu à peu, non pas en abaissant ceux d'en haut, mais en élevant ceux d'en bas.

Instruisons-nous donc, pour qu'un jour nous puissions nous administrer nous-mêmes, nous juger nous-mêmes, comme il est à désirer qu'on nous oblige tous aujourd'hui à nous protéger contre l'ennemi du dedans et celui du dehors, pour que l'Etat, en un mot, intervienne le moins possible dans nos affaires.

Instruisons-nous aussi afin de produire davantage et à meilleur marché, de pouvoir soutenir la concurrence étrangère, et d'arriver par la liberté commerciale et la suppression des impôts alimentaires, si contraires au principe de la proportionnalité, à rendre à tous les travailleurs des champs ou des villes, la vie plus aisée.

Instruisons-nous enfin pour savoir distinguer ceux qui peuvent gérer utilement nos affaires, et pour ne pas nous laisser duper désormais par les belles promesses d'un monarque, pas plus que par les rêves insensés et violents des factieux.

Encore une fois, mettons-nous à l'œuvre ; ne sommes-nous que vingt dans la commune qui sachions quelque chose, enseignons-le aux autres ; c'est la meilleure charité qu'on puisse faire et celle qui appauvrit le moins ; je dirai même qu'elle enrichit, car en enseignant aux autres, on apprend soi-même.

Ne laissons pas désormais tout le fardeau de l'instruction à l'instituteur. — Le matin et le soir, surtout en hiver, les dimanches et les jours de fête, nous pouvons bien consacrer quelques heures à exercer notre esprit, alors que nous avons exercé nos corps tout le reste du temps. C'est pour le père et la mère un droit et aussi un devoir rigoureux, d'enseigner ce qu'ils savent à leurs enfants et de venir ainsi en aide, s'ils le peuvent, au maître d'école, dont la tâche est si aride, mais en même temps si méritante et si féconde.

Pour la rendre plus féconde encore, les conseils

municipaux doivent, à défaut de l'initiative individuelle, favoriser l'enseignement dans la commune par tous les moyens. C'est à eux d'ouvrir gratuitement l'école à tous, en choisissant tel instituteur que bon leur semblera, pourvu, bien entendu, qu'il reste soumis au droit commun ; à eux d'organiser des lectures publiques, des conférences, des cours d'adultes. Je voudrais aussi qu'il y eût des livres élémentaires et une presse honnête, le tout à bon marché, pour répandre aux champs les idées moralisatrices de progrès et de liberté, dont on abuse quelquefois dans les villes, mais qui effraient trop nos paysans, prêts à tout sacrifier, même l'avenir de leurs enfants, et la grandeur du pays, dans l'espoir égoïste d'un repos momentané.

Que ceux donc qui, parmi nous, ont appris, se rappellent qu'ils le doivent à quelqu'un et qu'ils fassent aux autres ce qu'on a fait pour eux. Contribuons tous de notre bourse, de notre plume ou de notre parole, pour qu'il ne reste, chez nous, aucune intelligence dans l'ombre.

Nous aurons ainsi trouvé cette satisfaction qui résulte du devoir accompli, et, ce qui vaut mieux encore, nous aurons contribné, n'en doutez pas, à refaire la France en élevant le niveau de la moralité publique.

V

S'il est bon, mes chers Collègues, s'il est nécessaire
de dissiper les ténèbres pour asseoir solidement et pacifiquement les institutions républicaines, il est non moins
indispensable de chasser le vice, élever les âmes, re-
tremper les caractères.

Je comprends fort bien que, sous une monarchie, où
le monarque se charge volontiers de penser et d'agir au
lieu et place de ses sujets, les citoyens n'aient besoin
ni de beaucoup de lumière, ni de beaucoup de moralité. Dans une République, au contraire, qui doit vivre
de liberté, où chacun a sa part légitime d'influence dans
les affaires de l'État, où l'initiative individuelle est toujours en jeu, tant vaut le citoyen, tant vaut le gouvernement, et les principales réformes doivent partir du
bas pour arriver au sommet.

Faisons donc de nos enfants des hommes, des hommes
éclairés et moraux, et nous pouvons être certains que
la République s'établira définitivement parmi nous.

L'instruction est moralisatrice, à coup sûr, mais elle
ne suffit pas pour régler les mœurs, réchauffer les
cœurs et donner à l'homme ce qui fait sa grandeur morale, le caractère. Savez-vous ce qu'il faut pour cela ?
Il faut qu'à l'instruction se joigne l'éducation, que le
père et la mère la commencent dans la famille, dès le

berceau, et que ceux qui en reçoivent d'eux la mission la continuent.

Et savez-vous quelle est la base la plus stable de l'éducation, la meilleure école du devoir, la grande moralisatrice par excellence ? C'est, à mon sens, la religion. Mais ici il faut s'expliquer.

Quand je dis la religion, je n'entends pas parler de telle ou telle religion, mais de la religion en général, et, si vous préférez, du sentiment religieux. Car il importe peu à la paix sociale et à l'intérêt public qu'on soit catholique, protestant, juif ou libre penseur ; l'essentiel, c'est que les citoyens soient honnêtes, désintéressés, moraux, attachés à leurs devoirs, et ils le seront d'autant plus, ce me semble, qu'ils seront religieux dans le sens large et élevé du mot, c'est-à-dire qu'ils rattacheront leur existence à celle d'un être supérieur qui, en les créant, leur a donné un principe immortel.

Cette croyance spiritualiste que, à défaut de la foi, la raison et la philosophie nous enseignent, est certainement la source la plus sûre de la morale, et, par suite, le fondement le plus solide de toute constitution politique.

Que pensez-vous faire d'hommes qui ne croient à rien, si ce n'est au néant ? Certes, si ces hommes ne sont arrivés au doute qu'après de longues méditations et de pénibles combats, je respecte leur scepticisme, mais il n'en est pas moins vrai qu'il conduit logiquement et presque inévitablement à l'égoïsme. On ne demande généralement qu'à jouir le plus longtemps et le mieux possible, quand on suppose que tout périt au tombeau. Pour moi, je crois plus que jamais que si on n'admet pas une sanction dans une autre vie, le dévouement et la fraternité, vertus républicaines, seront plus rares sur terre ; c'est les affaiblir que de leur enlever leur principale raison d'être.

Je sais bien que, à l'heure qu'il est, tout ce qui touche à la religion n'est pas en faveur ; je sais qu'on voudrait extirper du monde jusqu'à la notion de Dieu, et pourtant nous en avons grand besoin pour garder encore quelque espoir au milieu de nos désastres et de nos ruines !... Il faut résolûment agir, mes amis, par l'exemple, par l'affirmation franche et catégorique de vos croyances, en répudiant tout respect humain, contre les tendances matérialistes et antireligieuses de l'époque.

Je comprendrais à la rigueur que le despotisme prêchât l'incrédulité ; les convictions ardentes les gênent et sont considérées comme dangereuses, mais que les Républicains soient matérialistes et athées, j'ai peine à l'admettre, car leur politique n'est pas, j'imagine, d'abaisser les citoyens pour les asservir, mais bien de les élever, pour les rendre dignes de la liberté. Or, ce qui surtout élève l'homme, c'est le caractère, c'est la croyance qu'il ne meurt pas tout entier.

La raison ne dit-elle pas d'ailleurs que plus nos droits sont étendus, plus grande est la liberté, plus grands aussi doivent être nos devoirs. Nous avons besoin d'une règle de conduite pour agir ; si elle ne se trouve pas dans nos consciences, il faut qu'elle soit inscrite dans des lois répressives souvent despotiques. La liberté n'existera donc que quand les consciences seront éclairées, et elles seront d'autant mieux éclairées que la lumière viendra d'en haut.

Arrière donc toutes les doctrines énervantes qui ne voient rien au-delà de la boue que nous foulons aux pieds; si nous tenons sérieusement à constituer une démocratie en France, il faut que les Républicains ne rejettent pas l'idée de Dieu et sachent s'élever au dessus des intérêts périssables.

Nous assistons, il faut en convenir, à un singulier et bien triste spectacle. On aime peu de nos jours à se dire républicain parce qu'on est religieux, et on craint d'afficher ses sentiments religieux, parce qu'on est et qu'on veut rester républicain et libéral. Erreur funeste, préjugé regrettable, mais il existe, et on s'en débarrasse difficilement, parce qu'on a la crainte mesquine de froisser son parti.

D'où vient ce préjugé? C'est qu'on a cru voir un antagonisme plus apparent que réel entre la civilisation chrétienne et la civilisation moderne. C'est aussi qu'on a eu le tort, jusqu'à présent, de confondre deux choses essentiellement distinctes, d'ordre différent : les intérêts politiques et les intérêts religieux, l'Etat et l'Eglise.

Désormais, il faut laisser à Dieu ce qui est Dieu, et à César ce qui est à César, c'est-à-dire laisser aux Eglises et à l'Etat leur indépendance réciproque. Les unes y gagneront en dignité, l'autre en sécurité, et ensemble, mais par des voies diverses, ils concourront au même but : l'amélioration du sort de l'homme.

J'estime, quant à moi, qu'il n'y a rien de plus démocratique que l'Evangile, et aussi rien de plus chrétien que ces trois mots, symbole de la Révolution de 1789 et devise de la République : Liberté, Egalité, Fraternité, et que s'il y a quelque chose de logique et de naturel, c'est d'être tout à la fois Républicain, Démocrate et Chrétien.

Mais en pensant ainsi, me direz-vous, ne craignez-vous pas d'être taxé de cléricalisme ? Certes, s'il suffit, pour être clérical, d'avoir de fermes convictions religieuses, j'accepte l'épithète et je m'en glorifie ; mais comme le cléricalisme n'est autre chose que la tendance de certains esprits, religieux ou non, à vouloir la prédominance de l'élément sacerdotal dans la société politique, à réclamer pour lui plus que le droit commun, à regarder enfin comme inséparable le trône et l'autel, oh ! alors je n'ai jamais été et ne serai jamais clérical, parce que je suis avant tout partisan absolu de la liberté de conscience, et que là où commencent les empiétements du clergé sur le domaine temporel, là pour moi finit la reilgion.

Je ne suis pas de ceux qui veulent que l'Etat affiche une croyance. Il ne peut être ni catholique, ni rationaliste, ni athée. Qu'il soit républicain ou monarchique, peu importe, dès que la conscience individuelle est en jeu, il est *incompétent*, et son rôle est de s'abstenir, pour qu'elle reste entièrement libre et inviolable.

Dans l'invividu l'Etat doit distinguer le croyant du citoyen, ce dernier demeure toujours soumis à ses lois ; quant à l'autre, il lui échappe et il ne peut que lui tenir ce langage : « Tu es libre de croire tout ce que tu voudras, je respecterai ou ferai respecter les croyances et ton culte, pourvu que tu ne sortes pas de la sphère spirituelle et que tu te soumettes aux lois d'ordre public. »

Le clergé vivant ainsi de liberté finira par en comprendre les bienfaits, et il ne pleurera plus dans ses Encycliques et dans ses Mandements sur les conquêtes les plus précieuses de la société moderne. Les citoyens, d'autre part, ne le voyant plus sortir des régions sereines de la conscience et de la foi, s'habitueront à avoir pour lui et ses croyances le respect et l'estime qui s'attachent à toute conviction désintéressée ; et alors aura lieu peut-être la réconciliation si désirable entre l'Eglise et la Révolution de 1789, qui, au fond, n'est que le développement, au point de vue social, des grands principes chrétiens de justice et de liberté.

Je sais bien que les ultramontains d'un côté, et les révolutionnaires autoritaires de l'autre la proclament impossible, et qu'ils ne voient d'autres moyens d'unir les hommes entre eux que de les mettre dans le même moule, pour ainsi dire, en leur imposant à tous la même croyance ou la même incrédulité. Mais ils n'ont pas reçu, j'imagine, mandat de parler au nom de la société tout entière, politique ou religieuse. La République et la religion ne leur appartiennent pas en propre, que je sache ; c'est notre patrimoine à tous, et libre à nous d'apprécier suivant nos consciences comment elles doivent vivre ensemble.

Je ne veux, quant à moi, ni du despotisme théocratique, ni du despotisme révolutionnaire ; j'estime que pour atteindre cette unité de vues et de tendances si souhaitable il n'y a qu'un moyen légitime, digne d'êtres moraux, d'hommes indépendants, c'est la liberté, la propagande individuelle, la lutte pacifique sans autre arme que la persuasion.

Prenons exemple sur les premiers temps du christianisme et aussi sur la républicaine Amérique. Savez-vous pourquoi les Américains sont libres, pourquoi c'est un peuple d'avenir ? Ah ! c'est que le septicisme n'est pas chez eux à l'ordre du jour, c'est que s'ils ont séparé l'Etat de l'Eglise, ils ne se croient pas obligés d'être irréligieux pour être républicains, et se donner un brevet de libéralisme ; c'est qu'ils ont foi en Dieu et dans la liberté.

VI

Si vous m'avez bien compris, mes chers Collègues, vous devez vous dire qu'en somme la République n'est pas aussi terrible, la liberté aussi dangereuse qu'on voudrait vous le faire croire, et que le suffrage universel, à la condition d'être éclairé et moralisé, est la base la plus légitime de la souveraineté et peut remplacer avec avantage cette espèce de droit divin qu'on déguise prudemment sous le nom de droit traditionnel.

Voulez-vous être désormais citoyens libres d'un pays libre, et ne plus dépendre d'un homme ?

Voulez-vous un gouvernement économique, sans cour ni courtisans, sans princes du sang à nourrir, sans sinécures à payer ?

Voulez-vous éviter les guerres dynastiques et les guerres religieuses ?

Soyez républicains, mais pénétrez-vous bien de nos droits pour les revendiquer et de nos devoirs pour vous y soumettre.

Notre droit c'est d'être libres et égaux, notre devoir c'est d'être justes envers tous, de respecter la volonté nationale et d'obéir sans réserve à la loi, tant qu'elle ne sera pas chargée sans violence.

Lors donc qu'on vous demandera dans la commune qu'elles sont vos opinions politiques, ne craignez pas de répondre « nous sommes républicains. »

Si on vous traite de communards, d'anarchistes, laissez dire les hommes de désordre ; à l'heure qu'il est, ce n'est pas nous qui défendons la République actuelle et voulons la consolider, ce sont ceux qui conspirent contre elle.

Nous sommes aujourd'hui réellement les conservateurs, et j'ajoute que l'opinion du pays est avec nous, si j'en juge par les élections municipales, celles du 2 juillet et celles du 8 octobre.

N'avez-vous pas vu d'ailleurs la République terrasser naguère une insurrection formidable, trouver un crédit qu'on croyait impossible, et au milieu d'une situation des plus difficiles, maintenir la sécurité publique ; et après cela, vous craindriez de vous dire républicains, par la seule raison que des hommes violents, des perturbateurs usurpant ce nom, se disent eux-mêmes républicains.

Mais est-il logique de proscrire une idée juste, et un mot qui représente cette idée, parce qu'on en aurait fait un déplorable usage? Je ne comprendrais pas davantage qu'on hésitât à se dire chrétien parce qu'il y aurait eu de mauvais prêtres. — Ne croiriez-vous donc plus à la justice parce que certains juges auraient prévariqué? Non... Les principes sont au-dessus des hommes. — Ces derniers passent, les autres demeurent.

C'est un travers, malheureusement, dans notre pays, je le sais, que d'avoir peur des mots et de juger une doctrine non d'après ce qu'elle vaut, mais suivant ce que valent ses patrons. Il faut réagir contre cette tendance fâcheuse, chercher partout la vérité, et la prendre si elle s'y trouve.

Si elle est réellement dans la République, comme beaucoup en conviennent et comme je crois vous l'avoir démontré, faisons qu'elle devienne « une *paisible et glorieuse réalité*. Mieux vaut assurément la consolider puisque nous l'avons, que de nous la laisser enlever pour la conquérir ensuite au prix de je ne sais quels nouveaux sacrifices.

Groupons-nous tous autour de ce drapeau qui est aujourd'hui celui de la France, et qui, pour ne pas mentir à son nom, pour être le drapeau vraiment national, doit protéger toutes les personnes et tous les intérêts.

Soyez donc républicains, mes chers Collègues, ceci ne vous obligera pas à suivre les socialistes, les radicaux, dans toutes leurs théories et leurs aspirations ; vous serez progressistes ou conservateurs, comme bon vous semblera, et vous aurez toute liberté pour faire prévaloir pacifiquement vos opinions.

Devant un éclatant témoignage de la nation de rester républicaine, les rêves monarchiques s'évanouiront, tout retour vers la passé deviendra chimérique ; et alors seulement les problèmes politiques et sociaux se résoudront sans violence, alors seulement l'ordre véritable sera possible.

Moulins. — Impr. FUDEZ frères.